CONVAINCRE EN TOUTE SITUATION

Techniques d'argumentation persuasive

Par Christophe Peiffer

50MINUTES.fr

CONVAINCRE EN TOUTE SITUATION

- **Problématique ?** Quelles techniques et stratégies mettre en place afin de rallier à sa cause un prospect, une équipe ou un auditoire en quelques minutes ?
- **Utilité ?** Influencer sans manipuler relève d'un certain art et constitue un atout indéniable dans le monde professionnel ainsi que dans la vie quotidienne.
- **Contexte professionnel ?** Négociation, adhésion à un projet, gestion des conflits, recherche d'emploi, demande de prêt, relations professionnelles.
- **FAQ ?**
  - Quelles sont les bases à suivre pour réussir mon argumentation ?
  - Comment dois-je agir afin d'éviter de passer pour un manipulateur ?
  - Quelle posture dois-je adopter lorsque j'argumente ?
  - Quelle est LA technique imparable pour

persuader quelqu'un ?
- ◦ Combien de temps me faudra-t-il pour apprendre à convaincre ?
- ◦ Quels sont les pièges à éviter si je veux convaincre quelqu'un ?
- ◦ Je n'ai pas réussi à convaincre mon interlocuteur, dois-je abandonner ?
- ◦ Quels types d'arguments puis-je utiliser ?

Nous passons notre vie à tenter de convaincre nos semblables. Du jeune cadre dynamique qui essaie d'obtenir une augmentation jusqu'au parent qui s'emploie à faire ranger la chambre de son enfant, en passant par l'étudiant fraîchement diplômé qui tente de décrocher un emploi dans l'entreprise qu'il convoite, la vie quotidienne regorge de situations dans lesquelles bien argumenter se révèle indispensable. Dès lors, savoir manier cet outil avec adresse et éthique peut devenir un avantage conséquent tant dans la vie professionnelle que personnelle.

Pour autant, si pour certains la persuasion est une seconde nature – ils parviendraient à louer les avantages d'un congélateur à des Esquimaux ! –, pour d'autres, obtenir un verre d'eau dans un bar en plein milieu du désert relève de l'impossible. Il existe pourtant quelques principes fondamentaux pour vous aider à argumenter en vue de défendre ce qui vous tient à cœur. Ces éléments de base font appel tant au savoir-faire qu'au savoir-être. L'alliance subtile de ces deux piliers relationnels vous apportera un avantage considérable dans toutes les situations où vous souhaitez rallier une personne, une équipe ou un auditoire à vos propos.

En 50 minutes, découvrez toutes les astuces permettant de cultiver votre aisance ainsi que la fluidité de votre discours afin de gagner en conviction, quelle que soit la situation. Préparez-vous à laisser s'exprimer le Steve Jobs (fondateur de la marque Apple et grand orateur américain, 1955-2011) qui sommeille en vous !

B.A.-BA DE L'ORATEUR PERSUASIF

QUELQUES NOTIONS FONDAMENTALES

Persuader vs manipuler

L'un des dangers inhérents à toute argumentation persuasive est sa frontière ténue avec la manipulation. Si cette réflexion vous est déjà venue à l'esprit, c'est bon signe, cela signifie que vous vous interrogez sur une certaine forme d'éthique dans cet exercice. Où sont les limites de l'une et de l'autre ? Peut-on facilement glisser vers la manipulation, et si oui, comment s'en prémunir ? Dans leur définition même, ces deux termes restent potentiellement difficiles à distinguer l'un de l'autre.

- **Persuader** : amener une personne à adopter notre opinion en ayant recours aux sentiments.
- **Manipuler** : diriger quelqu'un de façon insidieuse, l'influencer à sa guise.

Persuader et convaincre font tous deux partie de l'argumentation. Si le premier sollicite les sentiments, le second fait appel à la raison, à la faculté d'analyse et à l'esprit critique. Pour argumenter efficacement, il convient d'utiliser parallèlement les deux démarches.

Il existe en revanche un aspect qui fait toute la différence : l'objectif que l'on poursuit. En effet, dans la manipulation, le but est de manœuvrer une personne sans qu'elle s'en rende compte, dans le seul intérêt du manipulateur. À l'inverse, qui dit argumentation persuasive dit aussi, potentiellement, contre-argumentation. Il s'agit alors d'un débat d'idées où chacun des acteurs a les cartes en main pour, s'il les joue finement, convaincre l'autre du bien-fondé de son opinion.

Les techniques pour ces deux modes de communication sont très similaires, voire identiques, car elles comprennent les mêmes outils. L'important est donc la façon dont vous les utiliserez. Prenons l'image du couteau pour illustrer ce propos : si vous confiez cet instrument bien aiguisé à un chef étoilé, il vous cuisinera un met délicieux ; mais placez-le dans les mains d'un psychopathe… et préparez-vous à courir pour lui échapper. Ce qui diffère ici, ce sont bien les objectifs.

Logos, pathos, ethos

> « Les preuves inhérentes au discours sont de trois sortes : les unes résident dans le caractère moral de l'orateur ; d'autres dans la disposition de l'auditoire ; d'autres enfin dans le discours lui-même, lorsqu'il est démonstratif, ou qu'il paraît l'être. » (ARISTOTE, *La Rhétorique*, CreateSpace Independent Publishing Platform, FB Éditions, 2015, p. 9)

Dans un ouvrage sur l'argumentation persuasive, impossible de ne pas évoquer le trépied formant la base de la persuasion : le logos, le pathos et l'ethos. Ces trois piliers fondamentaux de l'argumentation forment encore aujourd'hui l'art de la rhétorique même si le concept n'est pas nouveau, puisqu'il a été initié du temps de l'Antiquité par des orateurs de renoms tels que Platon (philosophe grec, vers 428-vers 348 av. J.-C.), Démosthène (homme d'État athénien, 384-322 av. J.-C.), Aristote (philosophe grec, 384-322 av. J.-C.) et Cicéron (homme d'État romain, 107-43 av. J.-C.).

- **Le logos** concerne l'argumentation en elle-même, c'est-à-dire le contenu du discours faisant appel à l'intellect. Il comprend le raisonnement et la logique de la réflexion de celui qui s'exprime. Il se base sur des faits circonstanciés, du concret, des statistiques, des chiffres, etc.

Monsieur, voici le dossier sur lequel j'appuie ma candidature au poste X. Vous pouvez constater que mes résultats sur un an sont en hausse de 20 % et que le bénéfice pour l'entreprise a été de 8 %. J'ai appris de votre associé que Dubois allait accéder prochainement à un poste à l'international. Cela fait maintenant cinq ans que nous collaborons ensemble et aujourd'hui, j'ai besoin de me projeter dans une perspective plus large. Richard Branson (entrepreneur anglais, né en 1950) disait que les opportunités sont comme les bus : il y en a toujours un autre qui arrive. Personnellement, c'est dans celui que vous conduisez que j'ai envie de monter et d'occuper la place qui sera vacante au prochain arrêt.

- **Le pathos** est centré sur l'auditoire. Il s'agit de la partie d'une argumentation qui sollicite les émotions de l'interlocuteur. Tous les mots, les tournures de phrases ou les anecdotes sont utilisés dans le seul objectif d'activer des sentiments primaires ou secondaires : peur, joie, colère, tristesse, dégoût, surprise, intérêt, espoir, pitié, émerveillement, etc. Une grande majorité des médias actuels fonctionnent ainsi par surenchère de pathos dans la diffusion de leurs programmes : tout ou presque est fait pour connecter leurs messages directement à la fibre émotionnelle des téléspectateurs, sans passer par la case analyse réflexive (logos).
- **L'ethos** repose sur l'orateur qui délivre son discours et est destiné à produire une impression positive sur l'interlocuteur ou le public. Cela concerne aussi bien sa réputation que sa prestance, son charisme, son parcours ou bien ses publications. Dans l'art de convaincre, il s'agit du pilier le plus long à bâtir. En effet, une réputation demande du temps et de la constance,

ainsi qu'une certaine éthique. Si vous ne béné-
ficiez pas de la crédibilité que vous conférerait
un statut d'expert, concentrez vos efforts sur
votre manière d'être et sur votre charisme
pour gagner la confiance de votre auditoire.

<u>EXEMPLE</u>

Pensez à un domaine qui vous intéresse,
quel qu'il soit (une cause, un produit, un
service de votre entreprise ou un sport).
Quelle est la personne qui, à vos yeux,
en est le meilleur représentant ? Invitez
quelques personnes de votre entourage
s'intéressant à la même spécialité à réaliser
ce petit jeu. Si leur réponse converge vers un
seul individu, il y a fort à parier qu'il possède
l'ethos que nous présentons ici.

Au final, pour convaincre efficacement grâce à
une argumentation persuasive :

- bâtissez-vous une image reconnue et respec-
tée dans votre domaine de prédilection ;
- sachez solliciter les émotions de vos
interlocuteurs ;

- tout en démontrant par A + B que votre point de vue est logique.

PRÉPARER LE TERRAIN

Organiser son argumentaire

Pensez-vous que les grands orateurs arrivent la fleur aux dents sur leur estrade pour délivrer leur discours et faire chavirer les foules ? Croyez-vous que les invités de plateaux télévisés traitant de sujets d'actualité viennent avec pour seuls bagages leur expertise et leur expérience ? Il n'en est rien. Tout bon argumentaire doit être bien préparé si vous ambitionnez de le rendre convaincant, et ce pour plusieurs raisons :

- structurer votre discours et construire un fil rouge ;
- mettre en avant les points clés ;
- aller à l'essentiel en ôtant le superflu ;
- façonner certaines tournures de phrases afin qu'elles touchent votre cible ;
- avoir les idées claires au moment de votre prestation et ainsi garder votre énergie pour la gestion du trac et des imprévus ;
- vous donner confiance.

Votre argumentation persuasive ne peut s'appuyer sur l'improvisation. Pour la préparer de façon efficace, suivez ces étapes clés :

- identifiez le besoin de la personne ou du groupe que vous désirez convaincre ;
- proposez une solution adéquate à ce besoin ;
- anticipez sur les bénéfices potentiels pour votre interlocuteur ;
- déterminez les éventuelles objections et répondez-y ;
- identifiez vos qualités et vos forces.

ASTUCE DE COACH

Entraînez-vous devant le miroir puis corrigez-vous et répétez ensuite devant des amis ou de la famille. Améliorez votre discours à nouveau et recommencez. Pour qu'elle soit convaincante, une argumentation se doit d'être prononcée de façon fluide et énergique. Au fur et à mesure de l'exercice, elle fera partie de vous et vous éprouverez plus de facilité à la délivrer.

Saisir le bon moment : *le kaïros*

C'est dans la Grèce antique qu'apparaît la notion de « moment opportun » que les Grecs nommèrent *kaïros*. Pierre Aubenque (philosophe français, né en 1929) la désigne comme une « coïncidence de l'action humaine et du temps, qui fait que le temps est propice et l'action bonne ». (*La prudence chez Aristote*, Paris, PUF, 1963, p. 96-97)

Lorsque vous devez convaincre un interlocuteur, savoir saisir la bonne occasion pour entrer en relation avec lui augmentera vos chances de réussite. Tel un surfeur qui prend la vague au bon moment, votre capacité à percevoir cet instant propice fera la différence. Alors, comment s'y prendre ?

Si nous partons du principe qu'il existe un *kaïros*, nous pouvons en déduire logiquement qu'il existe également des temps inappropriés. En clair, c'est soit trop tôt, soit trop tard. Les spécialistes de la maladresse temporelle se situent de part et d'autre de cet instant propice durant lequel l'action est la plus juste.

- **Avant le *kaïros*** : on retrouve les grands émotifs passionnés, trop pressés d'agir pour se retenir. Par excès de précipitation, ils tentent de convaincre leur interlocuteur rapidement... et ne récoltent qu'un flop.
- **Après le *kaïros*** : la lenteur et le défaut d'assurance des indécis leur font généralement manquer le coche. Ils n'ont alors d'autre choix que de laisser passer l'opportunité qui s'est présentée à eux.

Ainsi, les deux grandes pistes à explorer pour améliorer votre finesse temporelle et augmenter vos chances d'agir au bon moment pour convaincre votre interlocuteur sont :

- apprendre à réguler vos émotions et à être patient ;
- croire en vous pour ne plus hésiter lorsque l'occasion d'agir se présente.

SEMER LES GRAINES

Tout se joue ici : une fois votre préparation effectuée, vous devez être capable de mettre votre interlocuteur à l'aise afin qu'il soit dans de bonnes dispositions pour entendre votre raisonnement.

Nous développerons ainsi quelques astuces pour semer les graines d'une bonne relation.

Se centrer grâce à l'état C.O.A.C.H

Le centrage est un élément très important et souvent négligé par la plupart des personnes s'apprêtant à convaincre un interlocuteur. Plus qu'un simple moment de concentration, il vous permet de vous impliquer à 100 % et de vous focaliser sur tous les éléments présents dans la relation entre votre interlocuteur et vous. Il est le reflet du meilleur de vous-même ; il représente votre zone d'excellence. Retenez l'acronyme suivant afin de mettre en pratique cet état interne :

- **Centré** sur la situation, sur votre interlocuteur, sur vos sens, sur votre respiration et sur l'instant présent ;
- **Ouvert** sur les infinies possibilités qui s'offrent à vous, sur les arguments de votre interlocuteur et sur les solutions qui en émergent ;
- **Accompagnant en conscience**, attentif à la personne qu'est votre interlocuteur, au-delà des apparences et des *a priori* ;
- **Connecté** à votre interlocuteur, à vous-même, à votre relation et à tous les éléments qui com-

posent votre environnement commun ;

- **Hospitalier** en rendant l'espace sécurisant d'un point de vue relationnel et étant prêt à accueillir tous les imprévus.

Se synchroniser

La synchronisation vous permet de vous adapter aux différents styles de communication des individus et de vous accorder sur la perception que votre interlocuteur a du monde, à travers ses gestes, ses mots et le ton de sa voix. Vous entrez alors dans une relation de confiance inconsciente : « Je suis comme toi, je bouge, je parle comme toi et je ressens les mêmes choses que toi ; je suis ton allié, tu n'as rien à craindre, je cherche à te comprendre tout simplement. » Rappelez-vous le pathos : agir de manière posi-tive sur les émotions de votre interlocuteur vous donnera un avantage dans votre argumentation. En s'identifiant à vous, ce dernier sera plus facile-ment convaincu par vos propos.

PRÉCISION UTILE

Se synchroniser ne veut pas dire singer. Il s'agit d'adopter une attitude naturelle qu'il suffit d'amplifier ou d'orienter tout en restant respectueux, dans le but d'émettre un message d'accueil (message inconscient montrant votre bienveillance).

Il existe plusieurs types de synchronisation :

- **non verbale**, dans laquelle on reprend les gestes de son interlocuteur, sa posture, ses micro-expressions ou ses mimiques, sa respiration (celle-ci étant la synchronisation idéale, mais également la plus difficile à obtenir) ;
- **para verbale**, en s'adaptant à sa voix, c'est-à-dire à son intonation, son rythme, son timbre, son débit, son volume ;
- **verbale**, relative à la structure de son discours. On utilise alors le même vocabulaire et on organise ses phrases d'une manière similaire ;
- **état interne**, il s'agit de reprendre les émotions d'autrui, son ressenti, son vécu et ses interprétations par rapport à la situation. Tout en étant détaché, le message implicite est : « Je comprends, je suis comme toi. » Dès lors, parlez avec exaltation à quelqu'un de passionné ou sur un ton professionnel si la personne est réservée.

Bien entendu, la synchronisation requiert avant tout d'être à l'écoute de son interlocuteur.

Écouter avant d'argumenter

Le secret de ceux qui parviennent facilement à convaincre est simple : ils écoutent la personne en face d'eux. Si vous ne deviez retenir qu'une seule technique, ce serait celle-ci. Il ne s'agit pas d'écouter d'une oreille distraite, en pensant à votre future partie de squash ou à votre dernière soirée, mais d'être entièrement tourné vers votre interlocuteur. Suivez ces six règles d'or pour pratiquer une écoute active et de qualité :

- **montrez-vous curieux à l'égard de votre interlocuteur**. C'est lui qui vous donnera tous les éléments utiles pour vous aider à faire face aux imprévus durant votre argumentation ;
- dès lors, **posez-lui des questions** sur ses centres d'intérêt, sur ses besoins, sur ce qu'il vit actuellement ;
- **reformulez ses propos** pour montrer que vous l'avez suivi, ou si vous n'êtes pas sûr d'avoir bien compris une information. Demandez-lui des précisions. Il ira alors plus loin dans son partage ;

- **acquiescez** par des hochements de tête et des validations verbales (« oui, je comprends », « j'imagine »). Cela montre votre disponibilité et votre adhésion à ses propos ;
- **laissez-le terminer toutes ses phrases** et attendez que la balle soit dans votre camp avant de parler. Il n'existe rien de pire pour quelqu'un exprimant sa pensée que de se faire couper la parole ;
- **gardez en mémoire les éléments qui importent à votre interlocuteur**. Vous pourrez alors vous appuyer dessus lorsque viendra votre tour de dérouler vos arguments.

Utiliser le pouvoir du sourire

Le sourire peut radicalement changer la perception de votre interlocuteur vis-à-vis de vous et améliorer la qualité de votre relation. En effet, il transmet un signal inconscient à la personne qui le reçoit que l'on pourrait traduire par : « Je ne te veux aucun mal, tu n'as rien à craindre de moi. »

Cette forme de communication non verbale s'adresse directement à nos instincts et à notre inconscient. Ainsi, dans un contexte où une personne est tendue, le fait de rencontrer une personne souriante pourra diminuer significativement son niveau de stress. En résumé, un simple sourire donné lors d'une argumentation rassurera votre interlocuteur, vous placera dans une posture engageante et participera au bon développement de la relation.

Néanmoins, il existe un cas particulier où le sourire ne donne rien et peut même générer l'effet inverse : le sourire commercial. Non pas que tous les commerciaux emploient le même, mais il pourrait faire fuir l'individu ou le rendre mal à l'aise. Un vrai sourire entraîne généralement l'apparition des petites ridules aux coins des yeux. Dans le cas contraire, seuls les muscles zygomatiques entrent en action, ce qui déclenchera irrémédiablement de la méfiance chez votre interlocuteur. Souriez, oui, mais avec le cœur.

Témoigner de l'empathie

Le terme « empathie » provient du mot allemand *Einfuhlung* signifiant « ressenti de l'intérieur ». Il fait référence à une personne se projetant dans la situation de l'autre. Depuis lors, cette définition a évolué grâce aux travaux effectués dans différents champs de recherche tels que la philosophie, la psychologie et les neurosciences.

D'après Jean Decety (neurobiologiste français, né en 1960), l'empathie s'envisage lorsque nous répondons émotionnellement face à l'émotion de notre interlocuteur. Cependant, dans un contexte où nous devons convaincre quelqu'un, nous devons être capables de distinguer ce qu'éprouve la personne de ce que nous ressentons et de réguler nos propres émotions afin de conserver une juste posture et de maîtriser la situation.

Faire preuve de congruence

La congruence consiste à ajuster nos propos, nos ressentis et nos agissements sur nos valeurs et sur nos convictions personnelles. La notion de congruence fut initiée par le psychologue et thérapeute américain Carl Ransom Rogers (1902-1987) qu'il explique ainsi :

> « Nous connaissons tous des gens en qui nous avons confiance parce que nous sentons qu'ils sont effectivement ce qu'ils sont, que c'est à la personne même que nous avons affaire, et non à un masque poli ou professionnel. » (*Le développement de la personne*, Paris, InterÉditions, 2005, p. 37)

Lors d'une argumentation persuasive, être congruent consiste à incarner le plus fidèlement possible le discours que vous avez préparé et à faire tomber les masques sociaux ; ou plus justement, à éviter d'en mettre un. En vous pensant honnête et authentique, votre interlocuteur se sentira alors en confiance et adhérera plus facilement à votre point de vue.

Toutefois, faire preuve de congruence n'est pas une mince affaire. Les masques sociaux et les conventions nous collent à la peau, entravant cette forme de sincérité. S'en débarrasser peut demander du temps et de l'énergie. Ces quelques conseils vous aideront à partir dans la bonne direction :

- **soyez vous-même convaincu et persuadé du bien-fondé de votre argumentaire.** Cela paraît évident, mais si vous éprouvez le moindre doute sur l'un de vos arguments, soyez sûr que votre interlocuteur le remarquera et s'y engouffrera sans tarder. Vous pourrez alors faire le deuil de votre objectif. Avant de vous lancer, tentez de déceler les failles dans votre argumentaire. Une fois celles-ci identifiées, deux solutions s'offrent à vous : soit vous renoncez simplement à les exposer et ne courrez pas le risque d'être mis en défaut, soit vous les renforcez en établissant les contre-arguments possibles et en y trouvant des parades ;
- **restez attentif à votre communication non verbale**. Si vous souhaitez convaincre un employeur de vous embaucher en mettant en avant votre dynamisme et votre bonne humeur, évitez d'être affalé sur votre chaise et d'adopter les mimiques d'une personne léthargique en mal de vivre. Optez plutôt pour une attitude droite, des mouvements amples et rythmés, un large sourire (cf. <u>Utiliser le pouvoir du sourire</u>) et un optimisme à toute épreuve ;

- **pariez sur la transparence**, sœur de la congruence. Vous prouvez ainsi que la valeur principale de votre argumentaire est l'honnêteté. De nos jours, avec Internet, duper les gens devient plus compliqué et faire preuve de malhonnêteté pourrait vous valoir un retour de bâton très douloureux en plus de vous faire perdre toute crédibilité. Ainsi, au lieu de faire croire à un client que l'achat de votre produit révolutionnera sa vie et son porte-monnaie, exposez-lui de manière factuelle les avantages et les inconvénients inhérents à ce même article. Interrogez ensuite le prospect sur son ressenti : vous obtiendrez toutes les informations nécessaires pour orienter la suite de votre argumentation.

RÉCOLTER LES FRUITS

Grâce aux astuces énoncées précédemment, vous avez travaillé sur votre ethos et avez pu créer un lien particulier avec votre interlocuteur et le mettre en confiance. Vous avez donné une légitimité à votre discours. Il est temps de dérouler votre argumentaire et d'exposer votre vision des choses.

Exprimer ses besoins

Convaincre une personne, c'est tenter de lui faire adopter votre point de vue sur une situation, un projet ou une idée, autrement dit de le rallier à votre cause. Pour cela, tôt ou tard, vous devez cesser les préliminaires et exprimer vos besoins. Pourquoi cette étape évidente n'intervient-elle qu'à ce stade de l'argumentation ? Ne serait-il pas plus efficace de demander d'emblée ce que l'on veut ? Non, car cela reviendrait à courir un 100 mètres sans s'être échauffé au préalable : le risque de claquage est plus que probable. Mettre votre interlocuteur dans de bonnes dispositions envers vous a rempli ce rôle, c'est donc maintenant que votre demande aura le plus d'impact.

À présent, développez votre point de vue de manière claire et structurée, en jouant à la fois sur les registres du logos et du pathos pour plus d'efficacité.

Quatre étapes simples pour exprimer votre besoin

Étapes	Exemples
Évoquer les faits concrets et quantifiables que vous avez relevés durant votre préparation	La dernière campagne de promotion pour cet événement n'a pas été à la hauteur de nos objectifs. Cela s'est traduit par un déficit de 10 % sur notre budget prévisionnel.
Exprimez les sentiments que ces situations ont entraînés chez vous.	Étant responsable de la trésorerie, j'éprouve de la frustration concernant ce résultat et je me sens mal à l'aise vis-à-vis de nos collègues

Étapes	Exemples
Communiquez votre besoin	J'ai besoin de changer de processus de communication pour nos futurs événements.
Effectuez une demande claire, précise et concise qui permet un passage à l'acte rapide.	Je souhaite donc créer un groupe de travail de trois à cinq personnes pour formaliser ce nouveau processus. Une première réunion pourra se tenir dès lundi prochain en salle de conférences.

Savoir plier comme le roseau sans se briser

Si convaincre un interlocuteur était chose facile, cela se saurait. Vous pouvez posséder la meilleure préparation du monde, le discours le plus fluide et percutant, une prestance à faire pâlir les plus grands orateurs, vous ne serez cependant pas exonéré des incontournables objections, fondées ou non, qui viendront compromettre votre discours en pointant du doigt l'élément défaillant (à leurs yeux). Agir avec finesse et à-propos dans ce type de situation vous donnera davantage de crédit.

Une caractéristique essentielle pour maîtriser l'art de convaincre réside dans une flexibilité relationnelle et conjoncturelle. *A contrario*, la psychorigidité est l'ennemie de la persuasion. S'adapter aux circonstances et aux individus est possible en mobilisant certaines ressources que nous avons décrites jusqu'ici, comme :

- l'ouverture envers ce que pense et ressent votre interlocuteur ;
- le non-jugement ;
- l'écoute empathique.

À ces qualités s'ajoute une autre ressource fondamentale : le lâcher-prise. Cela peut sembler paradoxal quand votre objectif consiste précisément à persuader l'autre de se rallier à vos idées.

Pour autant, lâcher prise n'est pas forcément synonyme d'abandonner ou de capituler. Au contraire, dans l'art de convaincre, la subtilité réside dans le fait de savoir sur quoi lâcher du lest. En préparant votre discours, vous aurez anticipé les points de friction éventuels et aurez identifié la marge de manœuvre que vous vous laissez lorsque surviendront ces aspects sensibles.

Par exemple, si vous souhaitez développer une nouvelle stratégie de communication pour votre association, vous argumenterez en listant ses caractéristiques. Toutefois, il se peut que certaines modalités, certains processus ou certaines actions ne conviennent pas à vos collaborateurs pour telle ou telle raison. L'idée du lâcher-prise est alors de leur laisser la main pour trouver des solutions à leurs propres objections tout en gardant sous votre contrôle l'objectif principal : celui d'adopter une nouvelle stratégie de communication.

La comparaison classique dans cette situation est celle des principes inhérents à de nombreux arts martiaux : parvenir à utiliser l'énergie du partenaire en l'absorbant dans un premier temps pour ensuite effectuer un mouvement décisif à son avantage. Lors d'une argumentation, l'énergie de votre adversaire réside dans toutes les objections qu'il pourra soulever lors de votre discours.

Ainsi, si rester flexible et être capable de faire des concessions à votre opposant sur quelques points accessoires peut faire grandir votre ethos et aller dans le sens de votre objectif, contrer les oppositions et les remarques majeures de votre interlocuteur constitue une étape obligatoire et essentielle pour convaincre. Quelques conseils vous aideront dans cette étape :

- fixez-vous au préalable des limites dans les temps de réponse, dans le ton employé, dans le nombre de contre-arguments et de réponses que vous fournirez. Vous établirez ainsi un cadre de fonctionnement dans lequel vous pourrez évoluer avec un sentiment de sécurité ;
- restez centré sur votre interlocuteur ;
- accueillez son contre-argument de manière inconditionnelle sans jugement ni *a priori* ;
- reformulez ses propos pour lui montrer que vous l'avez compris, que vous l'écoutez et que vous accordez de l'importance à son point de

vue même s'il diffère du vôtre ;

- mettez en lien son objection avec le point de votre discours qu'il a soulevé dans le but de créer une troisième voie et de rebondir. Vous pouvez commencer votre réponse par « justement », « cela tombe bien », « précisément », « d'ailleurs ».

Ainsi, non seulement votre interlocuteur se sentira valorisé parce que vous tenez compte de son avis, mais vous serez à même de vous en servir pour étoffer votre propre argumentaire, tout en poursuivant votre objectif initial : celui de le convaincre.

Terminer avec élégance

Vous êtes arrivé au terme de votre argumentation : toutes les objections ont été accueillies et accompagnées, et votre interlocuteur est désormais convaincu par votre exposé. C'est gagné, vous l'avez persuadé de vous suivre dans un projet, de vous acheter un produit ou un service, de vous embaucher ou encore de vous augmenter.

À cette étape, l'erreur relationnelle fatale consisterait à lui dire « merci et au revoir ». N'oublions pas que convaincre peut générer des tensions internes (inconscientes la plupart du temps) chez l'interlocuteur car, même si vous l'avez persuadé, rappelez-vous qu'au départ il était au mieux sans avis sur votre sujet et au pire en opposition complète. De fait, en l'ayant rallié à votre point de vue, il peut éprouver un sentiment diffus de frustration, de culpabilité et d'amertume mêlées. Votre rôle à ce stade est alors d'alléger cette sensation.

Pour cela, la meilleure stratégie à adopter est celle de la posture basse, c'est-à-dire de rester humble vis-à-vis de votre réussite. Accordez à votre interlocuteur un rôle important dans le résultat obtenu. Donnez-lui par exemple l'impression que sans la richesse de ses objections, vous n'auriez pu trouver l'inspiration. Cette attitude permet de lui redonner le contrôle de la situation, qu'il avait perdu au moment de son adhésion à votre discours. Ainsi, vous rétablirez un certain équilibre dans la relation. Non seulement vous aurez obtenu ce que vous souhaitiez, mais, qui sait, votre interlocuteur pourrait vous aider à en convaincre plus d'un.

Rome ne s'est pas créée en un jour

Commencez petit : le succès se trouve dans la régularité de vos actions de persuasion, alors pratiquez encore et encore. Pas après pas, jour après jour, vos techniques s'affineront, votre posture s'ajustera, votre confiance augmentera et, à terme, vous vous sentirez comme un poisson dans l'eau lorsque vous devrez convaincre.

TOP CONSEILS

- Écrivez votre discours en listant d'un côté vos arguments et d'un autre les objections probables de vos interlocuteurs. Vous pourrez alors plus facilement trouver les réponses adéquates.
- Soignez votre entrée. Les 30 premières secondes sont essentielles pour instaurer un climat de confiance. Votre capital sympathie se joue dès la première impression et influencera le déroulement de votre argumentation.
- Focalisez-vous sur l'instant présent en activant vos cinq sens et en les connectant avec votre environnement. Utilisez la même démarche pour vous connecter à vous-même. Vous entrerez ainsi en état C.O.A.C.H.
- Après avoir introduit votre discours, posez une question ouverte à votre interlocuteur de manière à lui laisser la parole et à montrer que vous êtes à son écoute. Cela vous permettra aussi de vous synchroniser sur lui.
- Restez souple face aux casse-pieds. En général, ces personnalités recherchent de la reconnais-

sance et de la gratitude. Allez dans leur sens tout respectant votre personne et vos propres limites. Il se peut même qu'ils deviennent vos plus fidèles partenaires par la suite.

- Gardez le contrôle de la relation jusqu'au bout, tout en laissant votre interlocuteur penser qu'il tient les rênes. Vous pilotez le processus et le laissez discuter du contenu. Donnez des exemples. Cela permettra à votre interlocuteur de mieux visualiser vos propos et d'y adhérer plus facilement. Il pourra ainsi se projeter dans les situations que vous lui décrivez et les vivre intérieurement.

- Évitez de séduire ou d'intimider la personne. Dans les deux cas, elle ne se sentira pas en sécurité et son instinct lui conseillera de se méfier de vous.

- Faites preuve de clarté et limitez-vous au message clé. Utilisez des mots simples et évitez le jargon employé par les spécialistes de votre domaine. Il n'y a rien de plus rédhibitoire que d'écouter une personne vous vanter les mérites d'un ordinateur ultra performant avec des termes techniques à chaque phrase alors que vous en êtes au stade de croire qu'une clé USB permet d'ouvrir une porte blindée américaine.

- Amusez-vous. Toutes les techniques décrites ici ne fonctionneront que si vous prenez du plaisir à les appliquer. Si vous n'êtes pas dans un état d'esprit positif, il vaut mieux remettre à plus tard votre argumentaire, car votre interlocuteur le ressentira.

FAQ

QUELLES SONT LES BASES À SUIVRE POUR RÉUSSIR MON ARGUMENTATION ?

Les bases d'un argumentaire efficace reposent sur l'équilibre subtil entre le logos, le pathos et l'ethos. Votre discours doit associer des faits, des chiffres et des données concrètes avec des moments où vous sollicitez les émotions de votre interlocuteur. Il s'agit de l'amuser, de le provoquer, de l'émouvoir, de le surprendre, de l'inquiéter... pour ensuite le rassurer et finalement le faire voyager en dehors de son intellect. Associez cet entraînement oral avec une préparation sur le langage corporel.

COMMENT DOIS-JE AGIR AFIN D'ÉVITER DE PASSER POUR UN MANIPULATEUR ?

Utilisez la transparence et la congruence. Votre interlocuteur doit se sentir en confiance dès l'instant où vous entrez en relation avec lui jusqu'au moment où vous sortez de son champ de vision. Durant tout ce temps, soyez et restez vous-même. Ne jouez pas un rôle et débarrassez-vous des masques sociaux. Exprimez vos propres sentiments de façon à créer de l'empathie chez votre interlocuteur. En général, les manipulateurs noient leur proie sous un flot d'informations en faisant briller leur personnalité narcissique. Ils ne savent pas écouter, car ils ne connaissent pas l'empathie. Si vous ne voulez pas passer pour un manipulateur, montrez de l'attention aux propos et aux émotions de votre interlocuteur avant d'essayer de le convaincre de quoi que ce soit.

QUELLE POSTURE DOIS-JE ADOPTER LORSQUE J'ARGUMENTE ?

- Si vous êtes debout, restez souple dans vos mouvements. Si vous ne savez pas quoi faire de vos mains, laissez-les parler avec vous : elles s'adapteront rapidement à votre ton et au débit de votre discours.
- Si vous vous trouvez face à un auditoire, balayez l'ensemble de la salle du regard en vous attardant aléatoirement sur quelques per-

sonnes. Chacune aura alors l'impression que vous vous adressez personnellement à elle. En matière de persuasion, il est plus facile de se sentir convaincu quand le message semble vous être directement destiné.

- Si vous êtes assis, gardez une posture droite et énergique. Ne vous asseyez pas trop au fond de la chaise ou du fauteuil, ainsi vous ne serez pas tenté de vous avachir et donc de perdre en dynamisme et en pouvoir de persuasion.

QUELLE EST LA TECHNIQUE IMPARABLE POUR PERSUADER QUELQU'UN ?

Sans aucune hésitation, l'écoute. D'une écoute active, complète et empathique naîtront tous les éléments qui vous serviront à rebondir avec talent en fonction de votre propre argumentaire. Écouter votre interlocuteur attentivement et avec bienveillance lui donnera de l'importance, ce qui s'avère d'autant plus légitime que votre objectif est de le convaincre. En effet, se sentir écouté, c'est s'estimer reconnu. Or la reconnaissance est un besoin fondamental pour chaque être humain. En étant porteur de celle-ci, vous nourrissez le besoin de votre interlocuteur. Dès lors, il sera davantage ouvert à vos arguments.

COMBIEN DE TEMPS ME FAUDRA-T-IL POUR APPRENDRE À CONVAINCRE ?

À l'issue de cette lecture, vous possédez désormais toutes les clés pour convaincre efficacement. Cependant, de la même manière que l'on apprend à préparer une quiche lorraine ou un gratin dauphinois en lisant une recette, c'est en pratiquant la théorie jour après jour que l'on s'améliore. Dans cet exemple, vous pourrez alors ajouter tel ou tel ingrédient, en diminuer voire en supprimer d'autres en fonction de vos invités. Vous consacrerez un peu plus de temps à la préparation ou vous serez plus vigilant au moment de la cuisson. Bref, vous progresserez dans votre discipline au fur et à mesure que vous l'exercerez. Il s'agit du même processus dans l'art de convaincre. En effet, savoir argumenter est facile et rapide, mais être capable d'utiliser cet outil avec succès pour rallier quelqu'un à son avis demande du temps et de l'entraînement.

QUELS SONT LES PIÈGES À ÉVITER SI JE VEUX CONVAINCRE QUELQU'UN ?

Prenez l'ensemble des techniques vues dans ce guide et faites exactement l'inverse. Choisissez le pire moment pour entrer en relation avec votre interlocuteur (quand il est pressé, à la sortie d'une réunion tendue, entre deux portes ou durant la pause de midi). Précipitez votre préparation et entrez immédiatement dans la tentative de persuasion sans laisser la moindre place relationnelle à votre interlocuteur. Prenez la parole et ne la lâchez plus jusqu'à la fin. Au cas où il tenterait d'ouvrir la bouche pour prononcer quelques mots, coupez-lui immédiatement la parole. Si par mégarde, il parvient à vous glisser un contre-argument, expliquez-lui qu'il n'a rien compris et que c'est vous qui avez raison. Restez fermement campé sur vos positions sans jamais dévier d'un iota. Au cas où il aurait l'impertinence d'insister, n'hésitez pas à sortir de vos gonds pour asseoir un peu plus votre autorité : c'est qui le patron ? Bravo, vous avez magistralement échoué à le convaincre !

JE N'AI PAS RÉUSSI À CONVAINCRE MON INTERLOCUTEUR, DOIS-JE ABANDONNER ?

Avant d'inventer l'ampoule à incandescence, Thomas Edison (inventeur et scientifique américain, 1847-1931) déclarait : « Je n'ai pas échoué. J'ai simplement trouvé 10 000 solutions qui ne fonctionnent pas. » L'échec n'est qu'un point de vue sur une situation. Si vous n'avez pas réussi à convaincre votre interlocuteur, quatre types de réactions sont possibles :

- vous vous flagellez en vous répétant que vous avez été lamentable et que votre interlocuteur était de toute façon trop fort pour vous. D'ailleurs, même pendant votre entretien, vous vous sentiez tout petit par rapport à lui ;
- vous remettez tout en question, votre argumentaire, votre posture, votre charisme, vos compétences, etc. En parallèle, vous dénigrez votre interlocuteur en l'affublant d'une quantité de défauts ;
- vous ne comprenez pas comment cet interlocuteur que vous méprisez a pu résister à votre pouvoir de persuasion, vous qui pensiez être

au summum de votre art ;

- vous voyez cet entretien comme une expérience enrichissante et vous tirez parti des contre-arguments de votre interlocuteur pour améliorer votre discours, car, c'est sûr, cet accident de parcours vous a donné une motivation supplémentaire pour tenter de le convaincre une prochaine fois. Vous éprouvez même de la reconnaissance à son égard pour vous avoir permis de progresser.

Libre à vous de choisir l'angle qui vous semble le plus constructif...

QUELS TYPES D'ARGUMENTS PUIS-JE UTILISER ?

Il existe de nombreux types d'arguments. La liste ci-dessous n'est donc pas exhaustive.

- **Les arguments d'autorité** font référence à des experts, à des personnages célèbres ou à des autorités reconnues par votre interlocuteur. En les citant, on donne ainsi de la valeur à son propos.
- **Les arguments par analogie** consistent à comparer une situation avec une autre de

façon à appuyer son discours.

- **Les arguments de cadrage** présentent la réalité en amplifiant ou en minorant certains aspects afin de mettre en avant son point de vue.
- **Les arguments de communauté** reposent sur des valeurs partagées, des opinions admises par la majorité. Un individu ne sachant quoi penser aura tendance à suivre l'avis de la communauté.

À VOUS DE JOUER

STRUCTUREZ VOTRE ARGUMENTAIRE

Afin de vous aider à vous lancer dans la préparation de vos arguments, répondez à ces quelques questions :

Méthodes pour structurer votre argumentaire

	Votre réponse. **En logos :** chiffres, faits, données concrètes. **En pathos :** sensations, émotions, relations.
Quel est le besoin de la personne ou du groupe que vous souhaitez convaincre ?	
Comment votre argumentation pourrait-elle répondre à ce besoin ?	
Quels bénéfices obtiendraient les personnes concernées si elles adhèrent à votre point de vue ?	
Quelles qualités et quelles forces mobiliserez-vous pour garantir le résultat ?	

Puis définissez vos arguments principaux et les objections possibles.

Liste de vos arguments et objections possibles

Vos arguments majeurs	<ul><li></li><li></li><li></li><li></li><li></li><li></li></ul>
Les contre-arguments possibles	<ul><li></li><li></li><li></li><li></li><li></li><li></li></ul>
Vos réponses aux contre-arguments	<ul><li></li><li></li><li></li><li></li><li></li><li></li></ul>

APPRENEZ À VOUS SYNCHRONISER

Dans la rue ou assis à une terrasse, observez les groupes autour de vous en train de déjeuner ou de parler. Notez leurs attitudes, leurs postures, leurs mimiques, le ton et le rythme de leur voix. Vous devriez normalement constater une certaine harmonie, comme un mimétisme inconscient entre ces différentes personnes.

À vous de jouer maintenant : lorsque vous serez en compagnie d'une connaissance ou d'un proche, adopter les mêmes comportements que lui, calquez-vous sur sa voix, etc. Après quelques minutes, changez consciemment et légèrement de posture ou d'attitude. Vous serez surpris d'observer que votre interlocuteur vous suivra naturellement, il se synchronisera à vous.

PRATIQUEZ L'ÉCOUTE ACTIVE

Lorsque vous discutez avec un interlocuteur, posez-lui uniquement des questions ouvertes et focalisez-vous sur ses réponses. Vous ressentirez probablement l'envie de donner votre opinion, de partager une expérience vous concernant, en bref de parler de vous, mais résistez à la tentation ! À la fin de sa réponse, reprenez une partie de son récit et formulez une nouvelle question ouverte sur cet élément. Continuez ainsi jusqu'à ce que votre interlocuteur vous interroge à son tour. Vous aurez alors réussi cet exercice.

Aidez-vous de ce tableau pour énoncer vos questions :

Les différents types de questions

Les questions ouvertes permettent à l'interlocuteur de s'exprimer pleinement.	• Comment vas-tu ? • Quel est ton avis sur ce sujet ? • Que s'est-il passé ? • Ah bon ? Dis-m'en plus...
Les questions fermées favorisent des réponses courtes.	• Est-ce que tu vas bien ? • As-tu un avis là-dessus ? • Es-tu d'accord avec cette opinion ? • Crois-tu que...

POUR ALLER PLUS LOIN

SOURCES BIBLIOGRAPHIQUES

- ARISTOTE, *La Rhétorique*, CreateSpace Independent Publishing Platform, FB Éditions, 2015.

- AUBENQUE (Pierre), *La prudence chez Aristote*, Paris, PUF, 1963.

- Cours de coaching avec Robert Dilts, formateur international et expert en PNL.

- LUMINET (Olivier), *Psychologie des émotions*, Louvain-la-Neuve, De Boeck, 2013.

- ROGERS (Carl), *Le développement de la personne*, Paris, InterÉditions, 2005.

SOURCES COMPLÉMENTAIRES

- BELLENGER (Lionel), *La force de persuasion. Du bon usage des moyens de persuader et de convaincre*, Paris, ESF Éditeur, 2011.

- BRETON (Philippe), *Convaincre sans manipuler*, Paris, La Découverte, 2015.

- CIALDINI (Robert), *Influence et manipulation*, Paris, First éditions, 2004.

- JOULE (Robert-Vincent) et BEAUVOIS (Jean-Léon), *Petit traité de manipulation à l'usage des honnêtes gens*, 3e édition, Grenoble, PUG, 2014.

- NIVOIX (Marie-Claude) et LEBRETON (Philippe), *L'art de convaincre. Du bon usage des techniques d'influence*, Paris, Eyrolles, 2013.

- Portail du site de Christophe Peiffer www.leblogdesrapportshumains.fr

- ZÉNONI (Gérard), *Tais-toi, je t'écoute… Sortez gagnant des situations difficiles par les mots, les gestes… et le silence !*, Paris, Pocket, 2009.

ISBN ebook : 978-2-8062-6510-4
ISBN papier : 978-2-8062-6511-1
Dépôt légal : D/2015/12603/240
Photo de couverture : © UBER IMAGES - Fotolia.Com

Conception numérique : Primento,
le partenaire numérique des éditeurs